[1] Bahnhof

Der Bahnhof Torgau liegt an der Bahnstrecke Halle-Cottbus, die 1872 mit der Elbebrücke eröffnet wurde. Seit der Eröffnung des Leipziger City-Tunnels 2013 verkehrt die S-Bahn von Torgau direkt zum Leipziger Hauptbahnhof und zum Markt. Man passiert das Glacis, eine schöne Grünanlage, ehemals die Erdanschüttung vor den Festungsgräben, die eine bessere Deckung im Verteidigungsfalle geben sollte. Torgau besaß seit dem Mittelalter eine Stadtmauer, die sich ringförmig um die Stadt zog. Daraus entwickelte sich im 17. und 18. Jahrhundert die Festung Torgau. 1811 wurde sie auf Befehl Napoleons als sächsische Festung ausgebaut. Nach dem Wiener Kongress 1815 fiel Torgau an Preußen und wurde als preußische Festung weiter ausgebaut, bis sie 1889 aufgegeben und in den folgenden Jahren größtenteils abgerissen wurde.

[2] Sowjetischer Ehrenfriedhof

Linker Hand in der Bahnhofstraße befindet sich in einem Teil des Stadtparks der sowjetische Ehrenfriedhof, angelegt zwischen 1945 und 1947. Am 25. April 1945

Gedenkstein auf dem Sowjetischen Ehrenfriedhof

hatten sich an der Elbe bei Torgau erstmals auf deutschem Boden sowjetische und US-amerikanische Truppen getroffen und mit ihrem Handschlag das Ende des Zweiten Weltkrieges eingeläutet. Auf dem Friedhof fanden über 400 Menschen aus der ehemaligen Sowjetunion eine würdige letzte Ruhestatt. Die namentlich Bekannten wurden in Einzelgräbern beerdigt, die mit halbrunden Grabsteinen gekennzeichnet sind. Unbekannte Tote wurden in 55 Sammelgräbern beigesetzt. Unter den Opfern sind etwa zu gleichen Teilen sowjetische Kriegsgefangene, Zwangsarbeiter und deren verstorbene Kinder sowie Rotarmisten, die im Kampf fielen oder kurz nach Kriegsende in Deutschland verstarben. Ein großes Denkmal in der Nähe der Pforte trägt an seiner Spitze den sowjetischen Stern. Die gesamte Anlage wurde mit großem Aufwand gestaltet und gilt heute als geschütztes Kulturdenkmal. 2005/06 wurde der Friedhof saniert. Um die Ruhe des Friedhofes zu wahren, wird er nur zu besonderen Anlässen, z.B. jährlich am 25. April, geöffnet.

[3] Katholische Kirche

Über die Spitalstraße erreicht man den Karl-Marx-Platz, an dem sich die 1908 erbaute und im Folgejahr geweihte Pfarrkirche »Mater Dolorosa« oder »Zur schmerzhaften Mutter Gottes« erhebt. Seit 1855 gab es vorrangig für die katholischen Soldaten in preußischen Diensten eine katholische Kirche, die sich vor dem ehemaligen Bäckertor befand und 1906 abbrannte. Der Neubau ist dem Grundtyp einer mittelalterlichen romanischen Kirche mit Langhaus, Querschiff, niedrigen Seitenschiffen und Chorraum nachempfunden. Weitere Merkmale der Romanik sind zu entdecken: der Sächsische Stützenwechsel und die paarweise angeordneten Rundbogenfenster, der sogenannte Obergaden. Der dreiteilige Hochaltar im Chorraum mit verschiedenen Mosaiken und Reliefbildern stellt die Geburt Jesu in Bethlehem und seine Auferstehung dar. Auf dem Mosaik in der Mitte ist ein Pelikan als Symbol für das Lebensopfer Jesu für das Heil der Menschen zu sehen, der mit seinem Herzblut seine hungernden Kinder ernährt. Die Fenster über dem Hochaltar erzählen Szenen aus dem Leben Marias. Die Seitenaltäre zeigen links den Heiligen Georg, Patron der Soldaten, der mit seiner Lanze einen Drachen tötet, und rechts die Mutter Maria, die ihren toten Sohn beweint. Die Kirche ist täglich geöffnet und über die südliche Seitentür zu betreten.

STOP

[4] Spitalstraße

Großer Teich
Der 1484 künstlich angelegte Große Teich südlich vor der Stadt diente der Versorgung des Hofes mit Fisch. Die Teichlandschaft ist heute ein wichtiges Brutgebiet und Rastbiotop und genießt europäischen Schutzstatus als Naturschutzgebiet. Die Naturschutzstation Biberhof Torgau (Dahlener Straße 19, Mo–Fr 9–15 Uhr) informiert über die heimische Tier- und Pflanzenwelt, den Naturschutz und natürlich über den Elbebiber. Jährlich Anfang November findet noch immer das gut besuchte Abfischen statt.

Die Spitalstraße, die vermutlich seit dem 12. Jahrhundert besiedelt ist, wurde erstmals 1456 als »Spittelgasse« schriftlich erwähnt. Hier befand sich das Georgenhospital mit Kirche und Friedhof. In der Straße siedelten sich vornehmlich Handwerker an: Schuhmacher, Seiler, Gerber, Böttcher, Schneider, Fleischer und Bäcker, die hohes Ansehen genossen. Auch der Bildhauer, Ratsherr und Schlüsselherr des Spitaltors, Georg Schröter, hatte hier in den 1570er Jahren sein Haus.

Am Ausgang der Spitalstraße stand das Spitaltor, das 1811 abgebrochen wurde. Davor hatten sich bis zur Vertreibung der Juden im Jahre 1431 die Synagoge und die Judenschule befunden. Die 1601 entstandenen Torgauer Annalen berichten von einer dicht am Spitaltor liegenden Synagoge und der Vertreibung der Juden und sind überhaupt die einzige Quelle, die die Ansässigkeit von Juden in der Elbestadt bezeugt.

Von der Renaissancezeit künden in der Spitalstraße sehenswerte Gebäude: Nr. 32 glänzt mit einem spätbarocken Mansarddach und einem Rokokoportal mit Rocaillekartusche von 1771, einst befand sich auf diesem Grundstück ein Wirtschaftshof des Klosters Nimbschen; Eckhaus Nr. 14, dessen Sitznischenportal durch den Scheitelstein von 1616 und die Doppeltür auf einen Umbau hinweist sowie das gegenüberliegende heutige »Deutsche Haus« (Nr. 12) mit einem hochaufragenden Dach der Spätgotik.

Das Gebäude Spitalstraße 5, das die Lohgerber- und Lederhändlerfamilie Menzel bewohnte, wurde in den Jahren der Gründerzeit als großzügiges Geschäftshaus im Stile der Neorenaissance neu errichtet. Seine Bauweise erinnert an das ehemalige Dresdner Palais Oppenheim von Gottfried Semper. An der Fassade erkennt man ein Reliefband mit Kinderszenen aus dem Leben der Gerber, die Inschrift »Alles mit Gott« und die Jahreszahl 1882. Wenn das Tor offensteht, kann man von außen die schönen Malereien in der Einfahrt sehen.

Portal Spitalgasse 32

[5] Bürgermeister-Ringenhain-Haus

Di–So 10–18 Uhr

Am Ende der schönen Spitalstraße geht man rechts in die Breite Straße, deren Name auf einen frühmittelalterlichen Hauptverkehrsweg hinweist. Hier hatte sich im 15. Jahrhundert das reichere Bürgertum angesiedelt, die Tuchmacher und Gewandschneider. Das 1596 erbaute

Engelsstube im Bürgermeister-Ringenhain-Haus

stattliche dreigeschossige Patrizierhaus (Nr. 9) lädt nach siebenjähriger Restaurierung seit 2007 als Bürgermeister-Ringenhain-Haus zum Museumsbesuch ein. Es ist eine Etappe des Museumspfades des Stadt- und Kulturgeschichtlichen Museums Torgau, zu dem außerdem die Kurfürstliche Kanzlei, die Katharina-Luther-Stube, das Braumuseum, das Historische Handwerkerhaus und Schloss Hartenfels gehören.

Hinter der eher schlichten Fassade des Gebäudes verbergen sich in höchster Qualität ausgeführte originale Decken- und Wandmalereien des späten 16. und frühen 17. Jahrhunderts, die vermutlich von dem auch im Schloss beschäftigten Dresdner Maler Pieter de Bruck stammen. Der Eigentümer des Hauses, Paul Ringenhain (um 1570 bis 1637), war Bürgermeister, Stadtrichter, Tuchhändler und der reichste Torgauer seiner Zeit. Er pflegte einen ausgesprochen anspruchsvollen Lebensstil und ließ sein Haus entsprechend prächtig ausstatten – es sind niederländische und italienische Einflüsse sichtbar, die dem damaligen höfischen Brauch entsprachen. Mit einem Einbaudielenschrank aus dem 17. Jahrhundert und der einzigartigen Innendekoration ist das im Stil eines Dielenhauses angelegte Gebäude mit seinen über zwei Etagen zugänglichen Wohnräumen und Sälen das kunst- und kulturhistorisch bedeutendste Renaissance-Bürgerhaus in Mitteldeutschland. In der so genannten Engelsstube im ersten Obergeschoss schweben an der Decke 40 Engel in den Wolken, die nach dem Vorbild der nicht mehr erhaltenen Engelsstuben im Schloss Hartenfels entstanden sind. Auch der Bierlagerkeller ist überaus bestaunenswert. Ein Teil der Ausstellung widmet sich der gesellschaftlichen Rolle der Frau in damaliger Zeit, wobei auch Festlichkeiten und die Kochkunst nicht ausgespart werden.

Ebenfalls erwähnenswert sind weitere Wohnhäuser reicher Torgauer Tuchhändler aus der Zeit der Renaissance, darunter die Häuser Breite Straße Nr. 15 und 13 sowie auf der anderen Straßenseite Nr. 18, Nr. 16 mit einem hohen Satteldach und Nr. 14, das im 19. Jahrhundert zu einem Geschäftshaus umgebaut wurde. Das Haus Breite Straße 2 ist ein kompaktes dreigeschossiges Renaissancehaus, in dem über die Jahrhunderte immer wieder kurfürstliche Beamte wohnten. Die Sitznischenportale und Hauswappen der Häuser sind zum Teil original erhalten – man kann das 16. Jahrhundert noch spüren. Nach links geht es nun durch die Scheffelstraße, an die sich der Marktplatz anschließt.

***Claus Narr**, auch Claus Narren von Ranstedt Um 1450–nach 1530, Hofnarr. Der Gänsehirt kam mit etwa neun Jahren wegen äußerlicher Verunstaltungen als »natürlicher« Narr an den kursächsischen Hof, wurde als »lebendiges Erbstück« weitergereicht und wohnte im Hausmannsturm auf Schloss Hartenfels. Einem Porträt (1533) zufolge scheint er geistig und körperlich schwerstbehindert gewesen zu sein. In seine Verwirrungen und Wahnvorstellungen mischten sich der Legende nach lichte Momente, in denen er Dinge vorhersah, z.B. den Einsturz der Torgauer Elbbrücke oder den Brand der Veste Coburg. Seine Streiche und Aussprüche waren in aller Munde: Luther erwähnte ihn in seinen Tischreden, Hans Sachs widmete ihm Lieder, Johann Agricola verewigte ihn in seiner Sprichwortsammlung. 1530 verliert sich seine Spur.*

[6] Marktplatz

Der Marktplatz ist der höchste Punkt der Stadt, in den alle bergan führenden Straßen münden. Auf dem Porphyrfelsen lag einst der Handelsplatz der slawischen Siedler, der erstmals 973 in einer Urkunde erwähnt wurde. Später war er Begräbnisstätte der nach 1250 erbauten Nikolaikirche. Heute breitet sich hier einer der schönsten Marktplätze Deutschlands aus mit einem beeindruckenden Rathaus und prachtvollen Bürgerhäusern – der Platz wurde in der Renaissance als bürgerlicher Gegenpol zum feudalen Schlossbereich angelegt. Besonders zu empfehlen ist der alljährliche Torgauer Märchenweihnachtsmarkt, bei dem es unter der großen Tanne einen Wunderweihnachtsmärchenwald und natürlich Drasdower Stollen gibt.

Seit dem Jahr 2000 fließt wieder Wasser auf dem Marktplatz. Es sprudelt aus den bronzenen Brunnenfiguren der Glauchauer Künstlerin Erika Harbort (geb. 1956). Sie nannte den Marktbrunnen »Narren und Musikanten«, und er hat unmittelbar mit der Torgauer Geschichte zu tun. In der Mitte steht die überlebensgroße Figur des Torgauer Hofnarren Claus Narr, am Brunnenrand blasen zwei Musikanten kräftig in ihre Instrumente. Außerdem sitzen sich am Rand noch ein Bär und ein Hund gegenüber – der Torgauer Bär und der Hund

Drasdower Stollen
Über den berühmten Dresdner Stollen können die Torgauer nur lächeln. Der Überlieferung nach hat nämlich der Torgauer Hofküchenmeister und Bäcker Heinrich Drasdow 1467 gegen das Fastengebot verstoßen und sein Gebäck mit Butter und Rosinen hergestellt. Dafür erhielt er sogar vom Kurfürsten ein Privileg, das 1490 als »Butterbrief« päpstlich bestätigt wurde. Der galt für ganz Sachsen, so dass auch in Dresden mit Butter gebacken wurde. Ob es an der Entwicklung Dresdens zur Residenz lag oder an der sächsischen Aussprache des Wortes Drasdower Stollen, dass der Original-Stollen von Torgau nach Dresden kam, ist nicht zu erkunden.

*Lepsch. Die Legende berichtet, dass der Narr bei Erzbischof Ernst von Magdeburg (1464–1513) die Federn eines Kissens im Zimmer verteilte, weil er sie für Rosen hielt. Nur der erzbischöfliche Hund, genannt Lepsch, war im Raum. Als der Bischof das Unheil sah, sagte Claus zum Hund: »Lepsch, lass nicht schnappen!«, was so viel wie »nichts verraten!« hieß. Diesen Ausspruch nahm Johann Agricola 1528 in eine der ersten Sprichwortsammlungen auf. Die schönen Bronzeplastiken des Brunnens sind deutlich der Renaissance nachempfunden. Am Glanz einiger Teile ist unschwer zu erkennen, was die Torgauer und ihre Besucher häufig anfassen, und die Kinder turnen fröhlich auf den großen Figuren herum – denn das soll der Brunnen sein: Kunst zum Anfassen.

August von Sachsen, *genannt »Vater August« 1526–1586, Kurfürst. 1553 folgte der gebildete August seinem Bruder Moritz als Kurfürst von Sachsen. Mit der Regierungszeit des Protestanten, der eine auf Frieden orientierte und nachhaltige Wirtschaftspolitik verfolgte, war für Sachsen eine Phase der Konsolidierung auf konfessioneller, administrativer und wirtschaftlicher Ebene verbunden. Auf dem Augsburger Reichstag, wo 1555 der Religionsfrieden geschlossen wurde, war August Führer der deutschen Protestanten. Politisch wichtig war die 1548 in Torgau eingegangene Ehe mit Anna, der Tochter des dänischen Königs Christian III.*

[7] Rathaus

Torgau-Informations-Center *(TIC) Mo–Fr 10–18 Uhr, Sa/So 10–16 Uhr, Nov.–Ostern: Mo–Sa 10–16 Uhr Tel. 03421 7 01 40, www.tic-torgau.de*

Das eindrucksvollste Gebäude auf dem Marktplatz und der bedeutendste Profanbau der Stadt ist das dreigeschossige Rathaus, das keinen Vergleich mit Schloss

Hartenfels scheuen muss. Als »neues« Rathaus in den Jahren 1563–1565 erbaut, misst es knapp 57 mal 14 Meter und gehört damit zu den größten sächsischen Breitwandrathäusern. Kurfürst »Vater August« förderte den Bau in seiner Nebenresidenzstadt Torgau kräftig; seit 1550 residierte er in Dresden. Die Förderung bestand in der Hauptsache in Steuernachlässen, z.B. der Tranksteuer, die August seinen evangelischen Untertanen gewährte, nicht nur in Torgau, auch in anderen Städten.

Der Entwurf stammt wohl von dem Dresdner Architekten Andreas Bretschneider, und der Bau wurde von Maurermeister Valten Wegern, Steinmetzmeister Caspar Reinwald und Zimmermeister Caspar Schulz ausgeführt. Die Rückseite des Gebäudes wurde unmittelbar an den Chor der aus der zweiten Hälfte des 13. Jahrhunderts stammenden Nikolaikirche gebaut, weshalb das Rathaus keine architektonisch durchgebildete rückwärtige Fassade besitzt; einige Teile des Chores sind noch bzw. wieder im Innenhof zu sehen.

Nach Umbauten am Ende des 19. Jahrhunderts ist seit den 1970er Jahren der ursprüngliche Zustand weitgehend wiederhergestellt. Bei den Restaurierungsarbeiten fand man an der Nordostecke in Höhe des ersten Obergeschosses den Grundstein. Außerdem wurde am südlichen Durchgang ein gotisches Portal freigelegt, heute der Eingang zum Torgau-Informations-Center (TIC). Man fand auch Reste des Originalputzes von 1578, der einen grauen Anstrich mit weiß aufgemalten Fugen aufwies. Die Knäufe der Dachreiter und die kupfernen Fähnchen der »Wilden Männer« auf den Giebeln waren vermutlich vergoldet. Der südliche Querbau, der sogenannte Trinkstubenbau, wurde erst 1577/78 angebaut. An dessen eindrucksvollem Runderker sind in klassischer Ordnung der Antike zu sehen: im ersten Obergeschoss die Huldigung an den Landesfürsten »Vater August« und seine Gemahlin Anna von Dänemark mit beider Wappen und einer lateinischen Inschrift, die die Erwartung nach Recht, Religionsfreiheit und Frieden ausdrückt; an der Brüstung im zweiten Obergeschoss Allegorien der Tugenden Klugheit, Gerechtigkeit, Tapferkeit und Selbstbeherrschung; im dritten Obergeschoss Reliefs von Alexander dem Großen, Karl dem Großen, Gottfried von Bouillon und Julius Caesar als Ideale für staatsmännische Klugheit und Verteidigung des Christentums. Das Rathaus ist Sitz der Stadtverwaltung. Im schönen Festsaal finden vornehmlich Konzerte statt; er ist nur zu den Veranstaltungen geöffnet.

Anna von Dänemark
1532–1585, Kurfürstin von Sachsen. Die dänische Prinzessin heiratete 1548 in Torgau August von Sachsen. Obwohl die Ehe politisch arrangiert war, galt sie als außergewöhnlich harmonisch. »Mutter Anna«, wie sie bald genannt wurde, betrieb Landwirtschaft, beschäftigte sich mit Medizin und Pharmazie, legte 1581 die Dresdner Hofapotheke an, brannte Aquavit und erfand u.a. ein Magenpflaster, Augenwasser und Gegengifte. Sie pflegte Briefwechsel mit berühmten Ärzten, bildete junge Mädchen in der Kräuterkunde aus, betreute Kranke und Schwangere. In dem nach ihr benannten Annaburg (bei Wittenberg) ließ sie zwei Labore einrichten und stellte ein »Kunstbuch« mit Rezepten zusammen. In Dresden stiftete sie die Annenkirche.

[8] Nikolaikirche

Im Innenhof des Rathauses erheben sich die Reste der Nikolaikirche aus dem frühen 13. Jahrhundert, die dem heiligen Nikolaus, dem Schutzpatron der Kaufleute und Seefahrer, geweiht war. Sie ist ein originales Zeugnis der Reformation. Valentin Tham, Prediger von St. Nikolai, bekannte sich schon 1519 zur Reformation und taufte hier im gleichen Jahr erstmals Kinder nach Lutherischer Ordnung und in deutscher Sprache; 1525 predigte Justus Jonas hier. Doch bereits 1529 wurde die Kirche säkularisiert und der Stadt zur Nutzung übergeben; sie diente unter anderem als städtisches Gewandhaus, Kaufhaus, Mehlwaage, Lagerhaus, Gefängnis und Gericht.

Ihre Türme, die sogenannten »Bischofsmützen«, die in der Tat dieser Kopfbedeckung ähneln, sind restauriert und weithin zu sehen. Ihre noch originalen Glocken erklingen täglich zwei Mal, 12 und 18 Uhr, gemeinsam mit den Glocken der Marien- und der Schlosskirche. Die Kirche ist nur von außen zu besichtigen; zur Zeit wird über Rekonstruktion und Restaurierung debattiert. Das Rathaus grenzt direkt an den ehemaligen Chor der Nikolaikirche, dessen Reste im 19. Jahrhundert Rathausumbauarbeiten zum Opfer fielen.

[9] Mohrenapotheke

Die Nordseite des Marktes prägt die Mohrenapotheke (Markt 4), die es seit dem 15. Jahrhundert gibt und die zu den ältesten Apotheken Deutschlands zählt. Einer der ersten Apotheker war Johann Sehofer, Mitglied des Rates und 1515 Torgaus Bürgermeister. Dieses einzigartige und stadtbildprägende Ensemble, das in Sachsen seinesgleichen sucht, ließ 1597 einer seiner Nachfolger, der Apotheker und Stadtrichter Georg Moser, unter Einbeziehung älterer Bauten errichten. Das Gebäude mit 16 dreigeschossigen Achsen und vier ebenfalls dreigeschossigen Zwerchhäusern weist Stilformen der deutschen Frührenaissance auf. Hier, in der Nähe der Nikolaikirche, befand sich vermutlich im 12. und 13. Jahrhundert eine Kaufmannssiedlung, und etliche der Vorgängerbauten gingen in dem prächtigen Gebäude auf. In der Mohrenapotheke, die kaum bauliche Veränderungen erfuhr, haben sich bis heute mittelalterliche Bauteile erhalten. Die namengebende Figur des Mohrenknaben über dem Portal stammt aus der Zeit um 1700, der Apothekenname »Zum Mohren« ist jedoch schon länger nachweisbar.

In einem beeindruckenden Residenzbau am Markt 6 befindet sich der »Goldene Anker«, das älteste Hotel der Stadt mit Restaurant, Biergarten und Sonnenterrasse, mit Weinkeller und Ballsälen. Serviert wird gutbür-

Egon Bahr
1922–2015, SPD-Politiker. Bahr besuchte das Gymnasium in Torgau. Nach dem Krieg arbeitete er als Journalist bei der »Berliner Zeitung« und dem »Tagesspiegel«. Bis 1960 war Bahr Leiter des Bonner Büros des RIAS, 1972–1974 Bundesminister für besondere Aufgaben und 1974–1976 für wirtschaftliche Zusammenarbeit. Unter dem von ihm geprägten Leitgedanken »Wandel durch Annäherung« war er führender Mitgestalter der von der Regierung unter Willy Brandt ab 1969 eingeleiteten Ost- und Deutschlandpolitik. Bahr blieb Torgau stets verbunden und war bis zuletzt Mitglied im Förderverein des Gymnasiums.

gerliche Küche und selbstgebackener Kuchen. Radelnde Hotelgäste, die z.B. den Elberadweg erkunden, werden mit einem »Radler« begrüßt – auf Kosten des Hauses!

Das Eckhaus Markt 10/Schlossstraße, in dem sich heute eine Filiale der Sparkasse befindet, stammt aus dem 16. Jahrhundert. Es wurde mehrfach überbaut, zuletzt 1906, als die Obergeschosse über den originalen Kreuzgewölben im Jugendstil bzw. mit Neorenaissanceelementen ausgeführt wurden.

[10] Alltagskirche

Die nun beginnende Schlossstraße entstand im Rahmen der Stadterweiterung nach 1442. Sie entwickelte sich ab dem 17. Jahrhundert zur bevorzugten Wohngegend der wohlhabenden Bürger, was an den zwei- bis dreigeschossigen Häusern mit hohem Satteldach zu erkennen ist. Von der Straßenflucht etwas zurückgesetzt befindet sich rechter Hand die Alltagskirche. Die turmlose spätgotische Hallenkirche mit eingezogenem Langchor, erbaut 1496–1513, also etwa zur gleichen Zeit wie die Marienkirche, ist die ehemalige Klosterkirche der Franziskaner. Sie ersetzte die ehemalige Kirche des Klosters aus der Mitte des 13. Jahrhunderts. Beim »Torgauer Klostersturm« am Aschermittwoch 1525 stürmten aufgebrachte

Torgauer das Kloster, verprügelten die Mönche und zerstörten das Kircheninventar. Die Kirche wurde städtisch und 1529 als evangelische Alltagskirche für die täglichen Gottesdienste neu geweiht. Der letzte Gottesdienst fand 1811 statt. Über die Jahrhunderte wurde die Kirche auf unterschiedlichste Weise genutzt, als Pulvermagazin, Getreidelager und Lazarett, ab 1918 vom Gymnasium, ab 1937 als Feierstätte der NSDAP, nach 1945 als Kulturhalle und Theatersaal (»Bernhard-Kellermann-Halle«), ab 1966 als Turnhalle, bis sie endlich 1997 als Aula des Johann-Walter-Gymnasiums ihre heutige Bestimmung fand. Der Chor wurde wieder an das Kirchenschiff angebunden; getrennt sind beide durch eine Glaswand. Außerdem wurden moderne geschlossene Emporen eingebaut.

An der zur Kirche hinunter führenden Treppe ist seit 2012 ein originelles Treppengeländer angebracht, kleine, nur etwa 15 Zentimeter hohe Frauen-Skulpturen stellen Katharina von Bora dar und versinnbildlichen ihren Lebenslauf. Geschaffen wurde dieses ausgefallene Kunstwerk von der Grimmaer Künstlerin Ute Hartwig-Schulz (geb. 1963), deren besondere Bronze- und Steinskulpturen im öffentlichen Raum verblüffen.

Hinter der Kirche, auf dem ehemaligen Klosterareal, sind der sanierte Alt- und der neue Anbau des Johann-Walter-Gymnasiums zu sehen. Es geht in seinen Ursprüngen auf die 1371 erstmals erwähnte Gelehrtenschule zurück, die somit als älteste höhere Bildungsanstalt in Sachsen anzusehen ist. Martin Luthers ältester Sohn Johannes lernte in den 1540er Jahren hier, wie auch Melanchthons ältester Sprössling Philipp; spätere Schüler waren u.a. Egon Bahr und Johanna Wanka. Bedeutende Lehrer waren u.a. der Island-Forscher Paul Herrmann (1866–1930) und der Maler Gustav Hagemann (1891–1982). Vom alten Kloster ist nichts mehr zu sehen; alles musste im 19. Jahrhundert den Festungsbauten weichen. Auf den Kloster-Grundmauern wurde 1834 ein Garnisonslazarett erbaut, in das 1923 das Gymnasium einzog. Der Erweiterungsbau für das nun jährlich um die 700 Schüler zum Abitur führende Gymnasium wurde 1994/95 realisiert, ein Rundbau mit »Brücke« zum Altbau. Das Ensemble gilt nicht nur bei den Torgauern, sondern auch unter Architekturkritikern als ausgesprochen gelungen und ist die wenigen Schritte hinter die Kirche wert. Das Gymnasium verfügt über einen Schulchor und eine Theatergruppe, die mit ihrer Arbeit die Erinnerung an Johann Walter lebendig halten und weit über die Grenzen Sachsens hinaus bekannt sind.

Johann Walter
1496–1570, Kantor und Komponist. Nach seinem Studium in Leipzig kam Walter 1525 an die kursächsische Hofkapelle nach Torgau. Im gleichen Jahr leitete er zusammen mit Martin Luther in Wittenberg die Reform der »deutschen Messe« in die Wege. Als 1526 die Hofkantorei aufgelöst wurde, gründete Walter die Stadtkantorei Torgau. Damit schuf er eine neue Struktur bürgerlich-evangelischen Musizierens, das evangelische Kantoreiwesen, das bis heute in den Kirchgemeinden weiterlebt. 1529–1548 lehrte Walter am heute nach ihm benannten Gymnasium. Um 1550 wurde er nach Dresden berufen, wo er die noch in Torgau gegründete Hofkantorei, die heutige Dresdner Staatskapelle, leitete. Als »Urkantor« und Herausgeber des ersten evangelischen Chorgesangbuches (1524) gilt er als einer der Begründer der evangelischen Vokalmusik.

[11] Kleine Galerie

Di–Fr 10–17 Uhr, So 14–17 Uhr, Eintritt frei

Die Kleine Galerie, einst in Trägerschaft des Kulturbundes der DDR, gibt es seit 1980. Seit dem Jahr 2005 befindet sie sich in der Schlossstraße 11. Das Haus ist eine historisch angepasste – und gelungene – »Lückenschließung« eines verfallenen spätgotischen Gasthauses. Die Kleine Galerie ist für originelle und phantasievolle wechselnde Ausstellungen von Fotografie, Malerei, Grafik, Plastik und Keramik bekannt. Die Mitarbeiter sind äußerst umtriebig: annähernd 300 Ausstellungen wurden bisher realisiert. Dazu kommen Vorträge, Lesungen und andere Veranstaltungen. Bei den Vernissagen sind die jeweiligen Künstler anwesend, so dass für die Besucher der direkte Kontakt zum Künstler möglich ist. Der Torgauer Kunst- und Kulturverein Johann Kentmann e.V., Träger der Galerie, bedient viele kulturelle Interessen und betreut mit der sogenannten »Ringgalerie« insgesamt 16 Galerien in Torgau bzw. im Landkreis Nordsachsen. Zum Angebot gehören Mal- und Zeichengruppen für Erwachsene und Kinder, die Fotogruppe Nordsachsen, die Schreibwerkstatt und die Torgauer Renaissancetänzer, die höfische und bäuerliche Tänze des 15. bis 17. Jahrhunderts aus Frankreich, England und Italien pflegen.

[12] Restaurant »Herr Käthe«

Ab 11.30 Uhr

Über die von der Schlossstraße abzweigende Nonnenstraße gelangt man zur Katharinenstraße, die bis 1481 »Im Sack« hieß und später weitere Namen trug, bis im 20. Jahrhundert ihr heutiger entstand. Das Restaurant »Herr Käthe« (Katharinenstraße 4) hat seinen Namen von der scherzhaften Bezeichnung Luthers für seine Frau, wenn sie ihm allzu resolut erschien. So schrieb Martin Luther am 29. Juli 1534 aus Dessau an Katharina: »Meinen freundlichen lieben Herrn, Frau Katharina von Bora, lieber Herr Käthe! Wie gut Wein und Bier hab ich daheim, dazu eine schöne Frau, oder sollt ich sagen: Herren! Du tätest wohl, dass Du mir den ganzen Keller voll meines Weins und eine Flasche Deines Bieres herüberschicktest... Sonst komme ich erst wieder, wenn Du von neuem Bier gebraut hast.« Das spätgotische Haus konnte bis 2001 restauriert werden. Im unteren Gastraum sind noch Balken aus der Erbauungszeit und ein Eichenfußboden erhalten. Die obere Galerie mit 20 Plätzen bietet einen schönen Blick auf den Turm der Marienkirche. Im Sommer lädt der idyllische Biergarten zum Verweilen ein. Auf der Speisekarte stehen kreative, moderne und internationale Gerichte.

Seit 2010 feiert Torgau jährlich im Juni oder Juli den ***Katharina-Tag*** *in der Altstadt, ein Renaissance-Fest zu Ehren Katharinas mit Musik, Theater und vielen Angeboten für Kinder. Außerdem wird für herausragendes weibliches Engagement in gemeinnützigen Projekten der Katharina-von-Bora-Preis verliehen. Der Hauptpreis ist dotiert mit 3000 Euro als Förderung für ein gemeinnütziges Projekt und verbunden mit dem Titel »Katharina-Botschafterin«.*

Friedrich III., genannt der Weise 1463–1525, Kurfürst. Durch den Tod seines Vaters Ernst von Sachsen fiel Friedrich 1486 die Kurwürde zu. Aufgrund der durch seinen Vater und dessen Bruder Albrecht vorgenommenen Leipziger Teilung 1485 zwischen der ernestinisch-thüringischen und albertinisch-meißnischen Linie baute Friedrich Wittenberg zu seiner Residenzstadt aus, wo er 1502 die Universität gründete und 1505 Lucas Cranach d. Ä. als Hofmaler berief. Friedrich war ein getreuer Katholik und Reliquiensammler, aber er war auch Reformer und lehnte die päpstlichen Finanzpraktiken ab. 1518 weigerte er sich, das von Rom gefällte Ketzerurteil gegen Luther anzuerkennen, ließ ihn auf die Wartburg bringen und schützte ihn damit vor der Kirchengerichtsbarkeit und kaiserlichen Acht.

[13] Spalatin-Haus

Das 1493/94 erbaute »Haus im Sack«, heute Katharinenstraße 8, ist das einzige Priesterhaus aus vorreformatorischer Zeit. Es gehört zu den letzten spätgotischen giebelständischen Gebäuden und ist das älteste erhaltene Haus der Stadt und einmalig in Sachsen. Als Altarlehen stand es unter dem Patronat des Kurfürsten, der vor seiner Reise nach Jerusalem einen Altar gestiftet hatte. Friedrich III., der Weise, belehnte Georg Spalatin 1523 damit. Dieser war dessen Prinzenerzieher, Beichtvater, Geheimsekretär, engster Vertrauter und Freund und konnte in seiner wichtigen Funktion Luther den vom Kurfürsten gewünschten Schutz angedeihen lassen. Mit großer Sicherheit wohnte Martin Luther während seines Aufenthalts vom 25. bis 29. September 1527 in Spalatins Haus. Sechs Jahre später verkaufte Spalatin das Haus – mit Zustimmung des nunmehrigen Kurfürsten Johann Friedrich des Großmütigen, dessen Erzieher er einst gewesen war – für 200 Taler. Nach Spalatin wohnten fast zwanzig Generationen im Haus, das zuletzt nach jahrelangem Leerstand zu DDR-Zeiten in denkbar schlechtem Zustand war und kurz vor dem Einsturz bzw. Abriss stand. 2006 gründete sich ein Verein, der es mit viel Enthusiasmus und Eigenmitteln schaffte, das Gebäude vorerst zu sichern. Der jetzige »Förderverein für Denkmalpflege in der Stadt Torgau« engagiert sich ehrenamtlich dafür, das Spalatinhaus in einem möglichst originalen Zustand wiederherzustellen und für museale Zwecke zu nutzen. Geplant ist, dieses Haus mit Priesterstube und Priesterkammer in seiner ursprünglichen Nutzung darzustellen, Georg Spalatin zu würdigen und einen Ausstellungsbereich dem Komponisten Johann Walter zu widmen.

Spalatin als »Steuermann« der Reformation zeigt das neue Kunstwerk des Torgauer Bildhauers und Keramikers Torsten Freche (geb. 1964), das 2012 zeitweilig am Spalatinhaus angebracht wurde und nach Fertigstellung der Restaurierungsarbeiten dort wieder zu sehen sein wird. Eine Acrylglasscheibe zeigt ein Schiffssteuerrad mit sechs Segmenten, die auf verschiedene Lebensstationen Spalatins und dessen Wirken weisen: die Lutherrose, das kursächsische Wappen, das Wappen der Universität Wittenberg, das Wappen der Stadt Augsburg, das Wappen von Grünhain (wo er das Kloster neu organisiert hatte), das Wappen der Geburtsstadt Spalt (daher der latinisierte Name Spalatin) und der Kranich mit Schlange, das Familienwappen Spalatins.

[14] Katharina-Luther-Stube

Di–So 10–18 Uhr

Das Renaissancewohnhaus in der heutigen Katharinenstraße 11, bis 1517 Teil eines großen Freihofes eines kurfürstlichen Beamten, war Katharina Luthers Krankenlager und letztlich das Sterbehaus der couragierten Frau; hier starb sie im Dezember 1552. Zu dieser Zeit bewohnte es die Witwe des kurfürstlichen Küchenmeisters Michael Karsdörfer, die Katharina aufgenommen hatte. Auf der Flucht vor der Pest in Wittenberg erlitt sie vor Torgau einen schweren Unfall mit der Kutsche, von dem sie sich nicht mehr erholte. Ihr Lebensweg endete damit in jener Stadt, die nach der Flucht als Nonne aus dem Kloster Nimbschen ihre erste Station auf dem Weg ins bürgerliche Leben gewesen war. An der Seite Martin Luthers entwickelte sich Katharina zu einer selbstbewussten Frau, die im Schwarzen Kloster in Wittenberg eine große Wirtschaft leitete.

Die Katharina-Luther-Stube erinnert anhand zeitgenössischer Drucke, Grafiken und Alltagsgegenstände an das Leben und Wirken der »Lutherin«. In der einzigen Gedenkstätte für Katharina Luther in Deutschland kann man der Biographie dieser außergewöhnlichen Frau nahekommen.

***Georg Spalatin**, eigtl. Georg Burkhardt 1484–1545, Humanist, Theologe und Reformator. Geboren in Spalt (Mittelfranken), studierte Spalatin in Erfurt und Wittenberg Philosophie, Griechisch und Geschichte und wirkte ab 1508 als Diplomat und Geheimsekretär am Torgauer Hof. In Altenburg hatte Spalatin eine Stiftsherrenstelle inne, wohin er 1525 als Superintendent ging. Als Freund Luthers und engster Vertrauter Friedrich des Weisen konnte er des einen überschäumendes Temperament zügeln und den anderen gegen seine Zögerlichkeit vorantreiben – er gilt als »Steuermann« der Reformation.*

[15] Schlossstraße

Fotoausstellung »Soldaten an der Elbe«
Mo–Do 10–16 Uhr, Fr 10–13 Uhr, Eintritt frei

Der Stadtrundgang setzt sich in der Schlossstraße fort. Die Hausnummer 17, ein siebenachsiges Wohnhaus, weist zahlreiche Umbauten auf, aber ebenso ein beachtenswertes Rokokoportal von 1734. Zu Beginn des 19. Jahrhunderts lebte hier der Arzt und Ratsherr Gottlob Autenrieth, der an der Hofseite einen berühmten Kräutergarten hatte.

Im Nachbarhaus (Nr. 19) gibt die Fotoausstellung »Soldaten an der Elbe« des Fördervereins Europa Begegnungen e.V. mit 50 großformatigen, bisher kaum bekannten originalen Bildern Einblick in die Geschichte der Bewegungen dreier Armeen – der US Army, der Wehrmacht und der Roten Armee – am Kriegsende 1945 an Elbe und Mulde. Sie dokumentiert den Weg der amerikanischen Militärpatrouillen zur Sowjetarmee an der Ostseite der Elbe. Jährlich wird mit dem »Elbe Day« auf den Elbwiesen an das denkwürdige Treffen erinnert, das das Ende des Zweiten Weltkrieges einläutete.

Das Haus Schlossstraße 20 vom Ende des 16. Jahrhunderts mit dem etwas später entstandenen Sitznischenportal, der geteilten »Fenstertür« und einer Holzwendeltreppe im Innern zeigt sich noch weitgehend original. Beachtenswert ist auch das Haus Nr. 23 mit der aufgemalten illusionistischen Dekoration aus dem 16. Jahrhundert.

Johann Kentmann
1518–1574, Mediziner und Naturforscher. Nach seinem Medizinstudium in Leipzig, Wittenberg und Nürnberg und einer Studienreise nach Italien wurde Kentmann Stadtphysicus in Meißen, ab 1554 in Torgau. In seinen Werken beschäftigte er sich mit Medizin, Biologie, Botanik und Mineralogie. Er verfasste ein Kräuterbuch mit Illustrationen von David Redtel, in dem er etwa 600 Kräuter beschrieb, Werke über das richtige Verhalten beim Auftreten der Pest und über Steine im menschlichen Körper. Er sammelte Mineralien, meist aus dem sächsischen Raum, die er nach dem System von Georg Agricola ordnete. Sein Katalog mit über 1600 Exemplaren wurde 1565 veröffentlicht und ist die erste erhaltene vollständige Darstellung einer Mineral- und Gesteinssammlung. Seinen Namen tragen heute das Torgauer Krankenhaus und der Kunstverein.

Schlossstraße 20

[16] Kentmann-Haus

*»**Bärenschenke**« ab 11.30 Uhr*

Das wichtigste Gebäude der Schlossstraße, auf dem Schlossvorplatz gelegen, ist das Kentmann-Haus (Nr. 25). Das großzügige dreigeschossige Eckhaus mit freiem Blick auf das Schloss ist durch einen Seitenflügel und eine Holzgalerie mit einem tieferliegenden Gebäude verbunden und zeigt noch den Aufbau innerstädtischer mittel- und oberdeutscher Renaissancehofanlagen. Im Erdgeschoss kann man trotz Umbauten des ausgehenden 19. Jahrhunderts noch den originalen Raumeindruck des 16. Jahrhunderts erleben. Das Haus erwarb 1566 der Torgauer Stadtarzt und Gelehrte Johann Kentmann,

Kentmann-Haus

dem es das Portal mit Wappen und Inschriften verdankt. Heute hat hier die »Bärenschenke« ihr Domizil, eine beliebte Gaststätte mit gutbürgerlicher Küche und vom Freisitz aus mit atemberaubendem Blick auf den Rosengarten und das Schloss.

[17] Rosengarten

Im Sommerhalbjahr 10–18 Uhr

Neben dem Kentmann-Haus führt eine Treppe in den Terrassengarten zu Füßen des Schlosses, den Rosengarten, der um 1540 nach italienischem Vorbild auf dem Gelände des mittelalterlichen Turniergrabens angelegt wurde. Auch er erfuhr eine wechselvolle Nutzung. Nach 1773 Nutzgarten, diente er 1813 als Materiallagerplatz für den Festungsbau, später als Wäschetrockenplatz für die Kaserne im Schloss, im 20. Jahrhundert als Lehrgarten und Kleingartenanlage. Ab 1952 wurde der Rosengarten nach denkmalpflegerischen Gesichtspunkten schrittweise wiederhergestellt und 2001/2002 umfassend saniert, so dass er heute wieder in altem Glanz erstrahlt. Die öffentliche Anlage mit steilen Terrassen, gepflegten Bäumen und Buchsbaumhecken, mit Wasserbecken, Pavillon und Sitzgruppen wartet im Sommer mit

Rosengarten

blühendem Lavendel, Tulpen und über 200 Rosen auf – und dem entsprechenden Duft. Noch immer wächst hier ein uralter Ginkgobaum, der schon in der Anlage stand, als das Schloss noch kurfürstliche Residenz war. Der Garten wird von zwei Gebäuden aus dem 18. Jahrhundert begrenzt, dem Elb- und dem Salzmagazin.

[18] Zeughaus

1479 als Kornhaus des Amtes Torgau am Schlossvorplatz (Schlossstraße 26) erbaut, wurde das Gebäude unter August I. erweitert und umgebaut, das Erdgeschoss diente ab 1538 als Marstall. Zu Beginn des 19. Jahrhunderts wurde es von der Festungsbehörde übernommen und diente während der Napoleonischen Kriege 1812–1818 als Artilleriezeughaus, einige Zeit auch als Lazarett. Der Umbau 1877/78 brachte die Neugestaltung des Hauptgiebels mit den beiden Pferdeköpfen, dem kursächsischen Wappen und der Inschrift mit sich. Auch weiterhin wechselte die Nutzung häufig, nach 1922 arbeitete im Gebäude u.a. das Torgauer Druck- und Verlagshaus. Heute befindet sich hier eine Niederlassung der Heimerer Schulen, einer modernen Ausbildungsstätte für Pflege, Therapie, Sozialwesen, Wirtschaft und Informatik.

Wappen am Zeughaus in der Schlossstraße

Schlacht bei Torgau
Die letzte große Schlacht des Siebenjährigen Krieges (1756–1763), bei dem sich die europäischen Großmächte jener Zeit gegenüberstanden, fand am 3. November 1760 auf den Süptitzer Höhen in der Nähe von Torgau statt. Hier kämpften die Österreicher gegen die Armee des preußischen Königs Friedrich II. Der letztendliche Sieg der Preußen war teuer erkauft. Sie verloren mit 16751 Mann mehr als ein Viertel ihrer Armee, die Österreicher mit 15200 Mann knapp ein Drittel. Die Schlacht war die modernste und die blutigste Massenschlacht des 18. Jahrhunderts.

[19] Bärengraben

Bevor man den Schlosshof erreicht, passiert man die etwa sechs Meter hohe Brücke über den fast 30 Meter breiten »Bärengraben«, der einst als Schutzgürtel aus dem Porphyr herausgeschlagen wurde. Seit 1425 werden in Torgau traditionell Braunbären gehalten, zeitweilig sogar eine Meute mit 36 Tieren. Der feudale Brauch wurde nach der Schlacht bei Torgau 1760 unterbrochen und Mitte des 20. Jahrhunderts wieder aufgenommen. Die Bären gelten als Wahrzeichen der Stadt. Bisher wurden in Torgau 58 Bärenkinder geboren. Heute wird keine Zucht mehr betrieben, und die Haltung erfolgt nach zoologischen Gesichtspunkten und dient der Erhaltung der Art. Derzeit leben hier Jette sowie Benno und Bea, 2013 geborene Bärengeschwister. Ihre Ställe sind in den Kellern des Schlossflügels E untergebracht, der bis 2015 saniert wurde.

Am Ende der Brücke durchschreitet man das prächtige Hauptportal, das Große Tor. Es zeigt das frühbarocke kursächsische Gesamtwappen mit dem Kurschild in der Mitte und zugehörigen Grafschaften und Herzogtümern des Herrschaftsgebietes, das von zwei Löwen gehalten wird. Das Tor wurde 1623 mit dem Bau des Eingangsflügels (1616–1623) unter dem albertinischen Wettiner Johann Georg I. (1585–1656) vom kursächsischen Schlossbaumeister Hans Steger errichtet.

[20] Schloss Hartenfels

Sonderausstellungen im Flügel D
im Sommer tägl. 10–18 Uhr

Hartenfels, errichtet auf hartem Porphyrfelsen über der Elbe, ist das größte vollständig erhaltene Schloss der Frührenaissance in Deutschland. Nach der Leipziger Teilung von 1485 machte der wettinische Kurfürst Ernst von Sachsen Torgau zur Residenz seines Machtbereiches; vor allem unter Johann Friedrich I. entwickelte es sich zur Hauptresidenz des ernestinischen Kurfürstentums Sachsen. Hier residierten Friedrich der Weise, Johann der Beständige (1468 1532) und Johann Friedrich I. Torgau avancierte mit Schloss Hartenfels zum politischen Zentrum der Reformation, überliefert ist der Spruch »Wittenberg ist die Mutter, Torgau die Amme der Reformation«. Immer war das Schloss auch Schauplatz großer Ereignisse: So feierte im Jahre 1428 Kurfürst Friedrich der Sanftmütige (1412–1464) seine Vermählung mit der Habsburgerin Margarethe auf Schloss Hartenfels. Am 25. Oktober 1711 heiratete in Torgau der Sohn von Zar Peter dem Großen die braunschweigische Prinzessin Charlotte Christiane Sophie.

Johann Friedrich I. hatte die frühmittelalterliche Burg »Torgove«, hervorgegangen aus einer frühen Grenzwarte

***Johann Friedrich I.**, genannt der Großmütige 1503–1554, Herrscher. Seit 1532 Kurfürst von Sachsen, führte der in Torgau Geborene als Förderer der Reformation den protestantischen Schmalkaldischen Bund an. Nach der Niederlage im Schmalkaldischen Krieg 1546 wurde über ihn und den gesamten Bund die Reichsacht durch Kaiser Karl V. verhängt. 1547 folgten Gefangennahme, Verurteilung und Verlust der Kurwürde an seinen Cousin Moritz von Sachsen, er blieb Herzog des ernestinischen Landesteils. Seinen Beinamen »der Großmütige« erhielt er für seinen Einsatz für die Reformation und als Unterstützer Martin Luthers.*

Leipziger Teilung
Im November 1485 teilten die wettinischen Herrscher von Sachsen, die Brüder Ernst und Albrecht III., auf dem Landtag in Leipzig ihr Herrschaftsgebiet. Albrecht wählte die Mark Meißen, einen Teil des Pleißen- und Osterlandes (um Leipzig), einen Teil Thüringens, das Bistum Merseburg und die Abtei Quedlinburg; Ernst erhielt mit dem Kurfürstentum den Großteil der Landgrafschaft, eine Hälfte der Pfalz Sachsen, das Vogtland, die wettinischen Gebiete Frankens um Coburg, den südlichen Teil des Pleißen- und Osterlandes (um Altenburg), das Bistum Naumburg sowie einen Teil Thüringens. Durch diese Teilung entstanden mit den Ernestinern und Albertinern zwei Linien des Hauses Wettin, die in einen zunehmenden Gegensatz zueinander gerieten. Die Leipziger Teilung gilt als die folgenschwerste Fehlentscheidung der sächsischen Geschichte, da sie Sachsen schwächte und den Aufstieg Brandenburg-Preußens ermöglichte.

Großer Wendelstein im Schlossinnenhof

der Mark Meißen, die schon seit 1485 großzügige Veränderungen erfahren hatte, ab 1533 durchgreifend neu errichten lassen. Er beauftragte den Coburger Baumeister Konrad Krebs (1492–1540), der ein monumentales dreigeschossiges, modernes Wohnschloss in der Manier italienischer und französischer Paläste zur Elbe hin errichtete, für das u.a. die gotische Kapelle weichen musste. Dieser neue Palast, als Saalbau das Herz- und Prunkstück der Anlage, wird heute nach dem Kurfürsten **Johann-Friedrich-Bau** (Flügel C) genannt.

Der auffälligste Bauteil des Schlosses ist der **Große Wendelstein** am Johann-Friedrich-Bau, der fast 20 Meter hohe Treppenturm aus Elbsandstein, der gleichermaßen Herrschaftssymbol und Wahrzeichen der Stadt ist. Innerhalb von sechs hohen Pfeilern schwingt sich scheinbar frei, ohne mittlere Stütze, die Treppe empor. Sie ruht auf einem eingeschossigen Altan, der die Wappen und Besitzungen der fürstlichen Familie zeigt. Den Abschluss des Wendelsteins bildet die Spiegelstube, repräsentativer Rückzugsort des kurfürstlichen Herrschers, der einzige Raum, der noch Hinweise auf seine ehemalige Ausstattung erkennen lässt. Hier befindet sich der sogenannte Groteskenfries des Wittenberger Meisters Lucas Cranach d.Ä., der den Raum über den Vorhangbogenfenstern nahezu umschließt. Das Fresko gilt als einziges erhaltenes, bisher zweifelsfrei zuordenbares Beispiel einer Wandmalerei aus der Cranach-Werkstatt, der auch die Farbgestaltung des Schlosses und der Schlosskirche im 16. Jahrhundert zu verdanken war. Die kleine Schatzkammer wird restauriert und voraussichtlich ab 2017 zu besichtigen sein. Bekrönt wird der Turm durch einen diademartigen Giebel. Die überreichen Verzierungen und die filigrane Struktur machen den Treppenturm zu einem Kleinod deutscher Renaissancebaukunst. Unterhalb des Turms gelangte man über Freitreppen durch das reich verzierte Hauptportal in den einstigen Festsaal. Der prächtige Saal war 65 Meter lang und über elf Meter breit, getäfelt und mit Cranach-Gemälden geschmückt. Am erhaltenen Portal sieht man neben den Bildnissen des Kurfürstenpaares Sibylle von Kleve und Johann Friedrich I. und dessen Onkel Friedrich des Weisen die Porträts Luthers und Melanchthons. Die Vorlagen dafür stammen vermutlich ebenfalls von Cranach.

Nach der Niederlage in der Schlacht bei Mühlberg (1547) im Schmalkaldischen Krieg verlor Johann Friedrich I. seine Kurwürde und weite Teile seines Gebietes,

darunter auch Torgau, an seinen albertinischen Cousin Moritz. Dieser neue sächsische Kurfürst bevorzugte Dresden als Residenz, die er weiter ausbauen ließ. Erst Kurfürst Johann Georg I. ließ zu Beginn des 17. Jahrhunderts die Anlage mit dem Torflügel schließen. Ihm verdankt das Schloss das mächtige frühbarocke Hauptportal über dem Bärengraben und den Glockenturm. Schloss Hartenfels blieb zwar die wichtigste Nebenresidenz der Wettiner, verlor aber im 18. Jahrhundert seine Bedeutung und verfiel nach dem Siebenjährigen Krieg (1756–1763) zusehends.

Wie viele Bauten Torgaus erfuhr auch das Schloss wechselnde Nutzung; es war zeitweilig sogar Zuchthaus. Die strategische Lage als Elbübergang mit den vorhandenen Brücken und den sich kreuzenden Verkehrswegen machten Torgau sowohl für Napoleon als auch nach dessen Niederlage für Preußen, das es ab 1815 als Kaserne nutzte, begehrenswert. Die Stadt wurde ab 1811 zur Festung ausgebaut und gilt heute als einzige teilweise erhaltene Großfestung Sachsens. Zeugnis von der Festungsstadt gibt heute u.a. noch die zugängliche Kulturbastion am südlichen Rand der Altstadt.

Im Schloss war später auch ein Lehrerinnenseminar untergebracht, es diente als Verwaltungsgebäude, und in den Kellern wurde die »Zivilverteidigung« geprobt.

Napoleon Bonaparte *1769–1821, französischer General und Kaiser. 1804 krönte sich Napoleon zum Kaiser der Franzosen. Er initiierte 1806 die Gründung des Rheinbundes, womit faktisch eine politische Neuordnung Deutschlands verbunden war. Das Kurfürstentum Sachsen verbündete sich im gleichen Jahr mit ihm und stieg zum Königreich Sachsen auf. Vor weiteren Eroberungen in Richtung Osten strebte er die Errichtung einer sächsischen Festung an. Nach Prüfung verschiedener Standorte an der Elbe wurde Torgau ab 1811 zur Festung ausgebaut.*

Leider sind dadurch die Ausstattungen fast aller Innenräume zerstört worden oder verloren gegangen. 1971 stellte Schloss Hartenfels die romantische Kulisse für den DEFA-Märchenfilm »Dornröschen« dar. Heute hat das Landratsamt Nordsachsen seinen Sitz im Schloss. Bisher nicht genutzte bzw. nicht benutzbare Räume sollen nach Umbau und Restaurierung in naher Zukunft als Ausstellungsräume genutzt werden.

Im spätgotischen **Albrechtsbau** (Flügel D), als Wohnbau ab 1482 unter Leitung von Konrad Pflüger geschaffen, einem Schüler Arnolds von Westfalen, werden seit 2004 regelmäßig wechselnde Ausstellungen in Zusammenarbeit mit den Staatlichen Kunstsammlungen Dresden gezeigt, darunter 2004 die Sächsische Landesausstellung »Glaube und Macht – Sachsen im Europa der Reformationszeit« und 2015 die vielbeachtete Erste Nationale Sonderausstellung zum 500. Reformationsjubiläum in Torgau »Luther und die Fürsten«. In diesem Schlossflügel wurde übrigens 1627 die erste deutschsprachige Oper aufgeführt: »Daphne« (neugriechisch: Lorbeer) von Heinrich Schütz. Kurfürst Johann Georg I. hatte Schütz für die Hochzeit seiner Tochter Sophie Eleonore damit beauftragt, wofür Schütz ein von Martin Opitz übersetztes Libretto des Italieners Ottavio Rinuccini verwendete.

Heinrich Schütz
1585–1672, Komponist. Schütz studierte die Rechte, wandte sich jedoch bald der Musik zu. Am Ende seines Studiums bei Giovanni Gabrieli in Venedig veröffentlichte er 1611 eine Madrigalsammlung. 1619 wurde Schütz Dresdner Hofkapellmeister, zuständig sowohl für Unterhaltung und den Gottesdienst als auch zur politischen Repräsentation. Er schuf u.a. geistliche Konzerte und Chormusik, drei Passionen, Motetten und ein Magnifikat. Schütz gilt als bedeutendster deutscher Komponist des Frühbarocks. Seine weltlichen Werke wie die Oper »Daphne«, Singspiele und Ballette sind leider verlorengegangen.

[21] Hausmannsturm

10–18 Uhr (witterungsabhängig)

Den besten Ausblick auf Torgau und die weite Elblandschaft bietet der Hausmannsturm, einer der insgesamt acht Türme des Schlosses aus unterschiedlichen Bauphasen; der Aufstieg über die Wendeltreppe mit 163 Stufen zur Aussichtsplattform lohnt unbedingt!

Der massive mittelalterliche und mit seinen stattlichen 53 Metern höchste Turm des Schlosses Hartenfels, auf dem einst der Hausmann über den ruhigen Schlaf der Schlossbewohner wachte, verbindet den spätgotischen Albrechtsbau mit dem prachtvollen Johann-Friedrich-Bau der Frührenaissance. Zu Beginn des Umbaus des Schlosses durch Johann Friedrich I. war der Turm in den Jahren 1533–1535 erhöht und erweitert und die dreigeschossige hofseitige Loggia erbaut worden. Im Inneren des Turmes sind in zwei Stübchen kleine Ausstellungen zu sehen: zum Leben des Hofnarren Claus, der hier etliche Jahre lebte, und zur Jahrhundertflut des Jahres 2002. Damals verfünffachte sich der Elbepegel, der normalerweise zwei Meter beträgt. Im rund 15 Kilometer entfernten Dorf Dautzschen durchbrachen die Wassermassen am 18. August 2002 einen Deich auf 30 Metern Länge und fluteten die Gegend.

*Die **Villeroy & Boch** AG, Hersteller von Keramikwaren, geht in ihrem Ursprung auf das Jahr 1748 zurück. Das immer erfolgreichere Unternehmen expandierte in der ersten Hälfte des 19. Jahrhunderts europaweit. 1926 wurde die Dependance in Torgau gegründet. Das Unternehmen mit Hauptsitz in Mettlach stellt heute hochwertige Keramik her und arbeitet mit namhaften Designern wie Paloma Picasso und Luigi Colani zusammen. Es hat heute annähernd 8000 Mitarbeiter und betreibt in Torgau, Hafenstraße 2–4, ein Outlet, in dem es ein großes Angebot an Porzellan und Keramik (meist B-Ware) zu reduzierten Preisen gibt.*

[22] Lapidarium

Mai–Okt.: Di–So 10–18 Uhr

In der **Unteren Hofstube**, dem ältesten Bereich des Schlosses mit originaler mittelalterlicher Bausubstanz, und in dem eindrucksvollen Gewölbe unter der Schlosskirche kann man einen interessanten Ausflug in die Architekturgeschichte des Schlosses unternehmen. Es werden über 170 originale Zeugnisse der hohen Bildhauer- und Steinmetzkunst des Schlosses präsentiert und erläutert. Über die Jahrhunderte waren viele dieser Sandsteinarbeiten verwittert und wurden durch Kopien ersetzt; hier sind ihre Originale zu sehen, die vom Glanz der einstigen Residenz zeugen. Zu sehen sind Reliefs, Brüstungsfragmente, Pilaster, Ecksteine und plastische Arbeiten, Elemente der Loggia am Hausmannsturm und des Sächsischen Gesamtwappens über dem Portal am Bärengraben sowie der Grabstein von Konrad Krebs, dem Erbauer des Großen Wendelsteins. Ein Höhepunkt ist die Wappengalerie vom Altan des Großen Wendelsteins, mit der Kurfürst Johann Friedrich I. sich und seinen Ahnen ein großartiges Andenken sicherte. Bedeutend ist auch ein Arrangement mit Originalsteinen des »**Schönen Erkers**«: das aus Sandstein bestehende architektonische Kleinod wurde 1544 angebaut und zählt zu den bedeutendsten Bildhauerleistungen der Frührenaissance.

Hauptgestüt Graditz
Am anderen Elbufer an der B 183, direkt vor den Toren der Stadt, liegt das Gestüt Graditz. Seine Tradition reicht bis ins 17. Jahrhundert zurück, als der Bedarf an Pferden für Militär und Transport enorm war. August der Starke beauftragte den sächsischen Hofbaumeister Daniel Pöppelmann mit dem Bau der 1720–1725 errichteten Anlage. Drei Lindenalleen führen sternförmig zum Graditzer Schloss, mit Sichtachsen zum Schloss Hartenfels und zur Marienkirche. Zu DDR-Zeiten war hier die Zentralstelle für Pferdezucht. Heute ist es als Sächsisches Hauptgestüt, neben dem Landgestüt Moritzburg, Eigentum des Freistaates Sachsen.

[23] Elbtor

Vom Lapidarium aus sind es nur wenige Schritte zum Elbtor des Schlosses, auch Pferde- oder Jägertor genannt, das zu einer einst hier befindlichen Brücke hinausführte. Über einem Pferdekopf prangt das kursächsische Wappen. Die alte Furt am Hartenfels war schon im frühen Mittelalter ein wichtiger Flussübergang für die dort verlaufenden Handelswege. Die Torgauer Elbbrücke endete ursprünglich genau hier am Schloss; der Aufgang wurde im Jahre 1543 errichtet. Aufgrund ihrer strategisch günstigen Lage wurde die Elbbrücke mehrfach zerstört und anschließend wiederaufgebaut, z.B. 1637 während des Dreißigjährigen Krieges oder 1760 in der Schlacht bei Torgau. Zuletzt wurde die Brücke von deutschen Einheiten am 25. April 1945 gesprengt. Von der historischen Elbbrücke steht nur noch der landseitige erste Pfeiler, heute ein Aussichtspunkt, während der Verkehr über die neue Spannbetonbrücke rollt. Die Außenfassade des Schlosses, die man hier betrachten kann, verlor während der preußischen Kasernenzeit ihr Aussehen der Renaissance. Wir gehen jedoch zurück in den Schlosshof, um in der **Oberen Hofstube** mit Freisitz im »Café im Schloss« innezuhalten. Dieser gotische Raum ist der älteste repräsentativ erhaltene Raum aus der Zeit vor dem Schlossneubau.

[24] Schlosskirche

Mai–Okt. 10–18 Uhr

Nach dem Tod des Baumeisters Konrad Krebs und seines Nachfolgers Andreas Günter 1541 entstanden unter dem Thüringer Nickel Grohmann (um 1500–1566) anstelle des spätmittelalterlichen Hofstubenbaus im heutigen elbseitigen Flügel B die Wohnräume des Kurfürsten (hinter dem »Schönen Erker«) und die Hofkapelle (1543/44). Die Historiker sind sich einig darin, dass die enge Beziehung zwischen Wohnräumen und Kapelle ein Bekenntnis zum neuen Glauben darstellte. Die Schlosskirche war der erste evangelische Kirchenbau in Deutschland. Geprägt durch Luthers Konzeption, wurde die Schlosskirche in ihrer Schlichtheit Vorbild für andere protestantische Gotteshäuser. Der Reformator selbst weihte sie am 5. Oktober 1544 in einem feierlichen Gottesdienst. Johann Walter, Kantor der Reformation, komponierte zur Weihe der Kirche eine siebenstimmige Motette.

Im Schlosshof nimmt man die Kirche kaum wahr, nur das Portal fällt auf, das Szenen aus der Leidensgeschichte Jesu zeigt. Von der ursprünglichen Innenausstattung des saalartigen Baus mit zwei umlaufenden Emporen ist nur wenig erhalten. Die Ausstattung besorgten die Bildhauer Simon Schröter d.Ä. aus Torgau, Stephan Hermsdorf aus

Kanzel der Schlosskirche

Leipzig und der Wittenberger Lucas Cranach d. Ä. Der Standort der Kanzel in der Mitte der Längswand verdeutlicht die zentrale Stellung der Predigt im evangelischen Gottesdienst. Am Kanzelkorb sind drei Geschichten dargestellt, die für die Reformation von Bedeutung sind: der zwölfjährige Jesus im Tempel »sola scriptura« (allein die Heilige Schrift), Jesus und die Ehebrecherin »sola gratia« (allein aus Gnade) sowie Jesus beim Vertreiben der Geldwechsler aus dem Tempel »sola fide« (allein durch Glauben). Die Skizzen für die Bildmotive stammen von Lucas Cranach d. Ä. Die vierte Darstellung – die Taufe Jesu – ist verloren. Der Altar ist eine Kopie des im Zweiten Weltkrieg verlorengegangenen Originals; ein schlichter Tisch steht frei im Raum, getragen von vier Engeln. An der Empore gegenüber der Orgel befindet sich das Wappen von Kurfürst Johann Georg I. Die Dedikationstafel von 1545 erinnert an die Einweihung der Kapelle und beinhaltet einen Lobpreis auf Kurfürst Johann Friedrich I. und Martin Luther.

Die Orgel stammt aus der Werkstatt Peter Vier, entspricht im Klang dem der Renaissance und wurde 1994 eingeweiht. Die Torgauer Orgelkonzerte, vor allem die jährlich stattfindende Festwoche der Kirchenmusik, sind weit über die Grenzen der Stadt bekannt.

[25] Dokumentations- und Informationszentrum (DIZ) Torgau

10–18 Uhr, Eintritt frei

Die Hinweistafel im Schlosshof zeigt den Weg zur ständigen Ausstellung »Spuren des Unrechts« im Flügel B – auf dem Weg zur Ausstellung gelangt man übrigens zur Empore der Schlosskapelle. Mit Fotos, Dokumenten, Biografien und Video-Interviews stellt die Ausstellung Torgaus Geschichte als Haftort im 20. Jahrhundert dar und thematisiert die Zentrale des Wehrmachtsstrafsystems im Nationalsozialismus, die Geschichte der Sowjetischen Speziallager Nr. 8 und Nr. 10 und den Strafvollzug der DDR. Die Ausstellung gehört zur Stiftung Sächsische Gedenkstätten Dresden, deren Zweck es ist, Stätten im Freistaat Sachsen zu erschließen, zu fördern und zu betreuen, die an authentischen Orten an politische Gewaltverbrechen, an politische Verfolgung, an Staatsterror und staatlich organisierte Morde erinnern.

[26] Kurfürstliche Kanzlei

Di–So 10–18 Uhr

Den Schlosskomplex verlassend, erreicht man die Straße Wintergrüne, deren Name rätselhaft bleibt. Es ist die ehemalige Burgfreiheit auf dem ältesten Territorium der Siedlung um die Burg. Die kurfürstliche Kanzlei, die Verwaltungszentrale des kurfürstlichen Territoriums und das politische Zentrum der Reformation, ließ Friedrich III., der Weise, 1523 auf dem ehemaligen Wirtschaftshof des Zisterzienserinnen-Klosters Nimbschen errichten, um Behörden und Archive unterzubringen und die Verwaltung seines Kurfürstentums zu gewährleisten. In dem repräsentativen Gebäude beschäftigte er einen Kanzler, elf Räte und ungezählte Schreiber, die wichtige Papiere ausfertigten. Die Kanzlei ist gewissermaßen die Geburtsstätte der Meißnischen Kanzleisprache, der deutschen Schriftsprache, die Luther für seine Bibelübersetzung verwendete und der er damit zur Durchsetzung verhalf. Einem »Inventarium« von 1601 kann man die damalige reiche Ausstattung entnehmen, die noch in der Kapelle und der Ratsstube nachvollziehbar ist.

Später wurden in dem wertvollen Renaissancehaus Wohnungen eingerichtet, dann nahm der Verfall seinen Lauf. Umfassend restauriert, beherbergt es seit 2005 das

Torgauer Tuchmanufaktur
Von 1705 bis 1786 arbeitete in dem Gebäude der ehemaligen Kurfürstlichen Kanzlei eine der größten und modernsten sächsischen Tuchmanufakturen, betrieben vom Leipziger Textilverleger Rudolf Ludwig Langguth und seinen Nachfolgern, die u.a. 1706 Militärtuch zum Einkleiden von 17 000 sächsischen Soldaten herstellten. In der Manufaktur begegneten sich 1711 Zar Peter I., der sich zur Hochzeit seines Sohnes in Torgau aufhielt, und Gottfried Wilhelm Leibniz; beide tauschten sich über Gewerbe- und Wissenschaftspolitik aus.

Kräutergarten an der Stadtmauer

Torgauer Stadt- und Kulturgeschichtliche Museum. In der Großen Stube im Erdgeschoss konnte die spätgotische Holzbalkendecke gerettet werden. Zeugnisse vorreformatorischer Kunst, wertvolle Holzschnitzereien, ein Flügel des Cranach-Altars mit der Abbildung des Heiligen Nikolaus aus dem 15. Jahrhundert und ein Modell der Stadt um 1600 sind nur wenige Beispiele der prachtvollen Ausstellungsstücke.

Außen, an der alten Stadtmauer, wurde der Kräutergarten, der schon 1601 Erwähnung fand, wieder angelegt – nach Vorlagen des Kräuterbuches von Johann Kentmann. Wenige Schritte westlich vom Kanzleigebäude liegt das ehemalige Feuerwehrdepot, das »Spritzenhaus«; hier lädt eine interessante Ausstellung zur Geschichte der Stadtbrände und der Brandbekämpfung in Torgau mit historischen Löschfahrzeugen ein.

Martin Luther
1493–1546, Augustinermönch, Reformator und Übersetzer der Bibel ins Deutsche. Mit seinen 95 Thesen gegen den Ablass begann in Wittenberg die Reformation. 1521 weilte Luther erstmals in Torgau und predigte häufig in der Stadtkirche St. Marien. Insgesamt sind mehr als 60 Aufenthalte Luthers in Torgau belegt. 1530 erarbeiteten Luther, Philipp Melanchthon, Justus Jonas und Johannes Bugenhagen die »Torgauer Artikel« als Grundlage der Augsburger Konfession. Wenig später setzte Luther mit Gabriel Zwilling, gen. Didymus, den ersten Superintendenten für das Amt Torgau ein. 1544 weihte Luther die Torgauer Schlosskirche als ersten protestantischen Kirchenbau der Welt.

[27] Stadtkirche St. Marien

Apr.–Okt. 10–18 Uhr, Nov.–März 10–16 Uhr

Wenige Schritte von der Kanzlei entfernt, vor dem Steilabfall der nördlichen Stadtmauer, steht man vor der ältesten Kirche Torgaus, einer spätgotischen Hallenkirche aus der Zeit zwischen 1350 und 1500. Sie weist Bauelemente aus der Zeit um 1100 auf – dendrochronologische Untersuchungen haben ergeben, dass die erhaltenen Balken der Holzbalkendecke im mächtigen Westwerk von Bäumen stammen, die 1089 geschlagen wurden. Über dem romanischen Westwerk befindet sich eine Doppelturmanlage. Die romanischen Rund-

bogenfenster im Nordturm stammen aus einer späteren Bauphase um 1220; der barocke Turm, der nach einem Brand wieder aufgebaut wurde, stammt aus der Mitte des 18. Jahrhunderts. Das Mittelschiff ist durch einen Chor verlängert.

Im Innern beeindruckt die weite, helle und großzügige Halle mit Kreuzrippengewölbe, ein Eindruck, der dadurch entsteht, dass die Seitenschiffe und das Mittelschiff die gleiche Höhe aufweisen. In den Kreuzungspunkten des Rippennetzgewölbes erkennt man fünf schöne, farbig gefasste Schlusssteine, die nach Stichen von Martin Schonauer gefertigt wurden: Jesus, der Schmerzensmann, Maria mit dem Jesuskind in der Mondmuschel, ein wilder Mann und eine wilde Frau, dazwischen ein Engel und sächsische Wappen.

Die reich verzierte Holzkanzel mit der Darstellung der Evangelisten und mit der Kanzeluhr (Sanduhr) von 1582, eine barocke Altaranlage von 1696 sowie ein Taufstein von 1697 bestimmen den Raumeindruck. Der Aufsatz des Hauptaltars ist aus Marmor, geschaffen nach einem Entwurf des brandenburgischen Hofbildhauers Giovanni Simonetti. Unter seiner Leitung fertigte Santino Caprani gemeinsam mit deutschen Meistern den Altar. Wenig später wurden die beiden Bildtafeln Abendmahl und Kreuzigung Jesu von Heinrich Sperling eingefügt.

Der Passionsaltar (1509) im nördlichen Chorraum stammt aus der Torgauer Kreuzkirche, die Friedrich der Weise 1492 gestiftet hatte, bevor er von hier aus zur Pilgerreise nach Jerusalem aufbrach. Sie wurde wie viele der ehemals neun Kirchen und Kapellen, von denen sich nur wenige erhalten haben, im Zuge der Reformation zerstört.

Das bekannte Gemälde »Die vierzehn Nothelfer« stammt von Lucas Cranach d.Ä. Es zählt zu den wenigen erhaltenen Ausstattungsstücken der Kirche, ein Flügel von den ehemals 16 Altären vorreformatorischer Zeit, die im Zuge der Reformation größtenteils entfernt wurden. Dieses bedeutende Cranach-Gemälde von 1507, eine beidseitig bemalte Tafel, war Teil eines Altars für die Heilige Anna zum Gedächtnis an die früh verstorbene Herzogin Sophie von Mecklenburg, Ehefrau von Johann dem Beständigen, Mutter von Johann Friedrich dem Großmütigen und Schwägerin Friedrichs des Weisen, und ist neben ihrer Bronze-Grabplatte im südlichen Seitenschiff zu finden.

Das beeindruckendste und berühmteste Epitaph ist das für die 1552 in Torgau verstorbene Katharina Luther, die

Schlussstein
Jesus, der Schmerzensmann

Katharina von Bora
1499–1552, Ordensschwester und Gemahlin Luthers. Katharina von Bora stammte aus einer wenig begüterten sächsischen Adelsfamilie. 1505 kam sie in das Benediktinerkloster in Brehna, 1508 in das Zisterzienserkloster in Nimbschen. Ostern 1523 wurde sie mit anderen Nonnen aus dem Kloster befreit. In Wittenberg heiratete sie am 13. Juni 1525 Martin Luther, mit dem sie sechs Kinder hatte. Sie bewirtschaftete Ländereien, betrieb Viehzucht, Imkerei und eine Bierbrauerei und sicherte damit das Auskommen der Familie und sorgte für Luthers Verwandte und seine Studenten. Am 20. Dezember 1552 starb »die Lutherin« in Torgau, wohin sie nach Ausbruch der Pest in Wittenberg mit ihren jüngsten Kindern geflohen war, an den Folgen eines Unfalls. Begraben ist sie in der Stadtkirche St. Marien, der Grabstätte des kursächsischen Hofes.

Epitaph für Katharina Luther

Gabriel Zwilling,
genannt Didymus
Um 1490–1558, Theologe. Der radikale Lutheraner, der in Wittenberg studiert hatte, löste den ersten Bildersturm der Reformation aus und verbrannte in der Wittenberger Augustinerkapelle Altäre, Kruzifixe und Fahnen, den Statuen wurden die Köpfe abgeschlagen. Erst Luthers Rückkehr von der Wartburg beendete das Treiben, Didymus begab sich wieder unter Luthers Leitung. 1523 ging er als Prediger nach Torgau, wo ihn die Bürgerschaft 1525 zum Stadtpfarrer wählte. 1529 setzte ihn Luther als Superintendent ein und machte ihn damit zum Vorgesetzten der Geistlichen von Torgau und Umgebung. Möglicherweise war er auch am »Torgauer Klostersturm« beteiligt. 1549 wurde er abgesetzt und kurzzeitig inhaftiert.

in St. Marien ihre letzte Ruhestätte fand (im nördlichen Seitenschiff). Den Stein ließen ihre Kinder setzen. Mit einem großen, in Falten gelegten Wintermantel und mit einer Haube bekleidet, hält sie die Bibel in den Händen. In den oberen Ecken sind die Wappen der Familien Luther und von Bora zu erkennen. Am 21. Dezember 1552 gegen drei Uhr nachmittags hatten viele Torgauer und die gesamte Wittenberger Universität, die ebenfalls wegen der Pest nach Torgau verlegt worden war, den großen Trauerzug in die Stadtkirche St. Marien geleitet.

In der Marienkirche hat Luther oft gepredigt. Seine über 60 belegten Aufenthalte in der Stadt, die unter seiner Leitung erstellten »Torgauer Artikel«, der von ihm eingesetzte erste evangelische Superintendent, die nach seinen Vorgaben gebaute und von ihm geweihte Schlosskirche als erste evangelische Kirche mit zentraler Stellung der Kanzel im Kirchenraum und sein Einsatz für die Kirchenmusik, um dem Volk das Kirchenlied zugänglich zu machen, das er als göttliche Gabe ansah – all das machte Torgau zur »Amme der Reformation«.

Schweren Schaden nahm die Kirche im Jahre 1813, als sie u.a. als Seuchenlazarett diente. In dieser Zeit wurden die meisten Grabsteine entfernt. In den letzten Jahren konnte der Kircheninnenraum denkmalgerecht restauriert werden, so dass St. Marien uns heute wieder das Erscheinungsbild des 16. Jahrhunderts vermittelt. Die Orgel mit 41 Registern wurde 1984 von dem Orgelbaumeister Siegfried Schuster aus Zittau erbaut. Zu den musikalischen Höhepunkten zählt die alljährliche Torgauer Festwoche der Kirchenmusik in Stadt- und Schlosskirche.

[28] Historische Superintendentur

Mo–Fr 10–16 Uhr

In dem beeindruckenden Renaissancegebäude (Wintergrüne 2) gegenüber der Marienkirche befand sich 1529 die erste Superintendentur Torgaus. Ein Superintendent ist der leitende Geistliche eines Kirchenkreises bzw. eines Kirchenbezirks. Als erster Superintendent wirkte Gabriel Zwilling, der seinen Namen nach Sitte der Humanisten in das Griechische Didymos gewandelt hatte, ein Freund Luthers. In dem großen Raum im Erdgeschoss überreichten Ende März 1530 Luther, Philipp Melanchthon, Johannes Bugenhagen und Justus Jonas dem Kurfürsten Johann dem Beständigen die von ihnen entwickelten »Torgauer Artikel«, die zur Grundlage des Augsburger Bekenntnisses wurden.

Seit 2005 macht das Evangelische Bildungsprojekt Angebote für Konfirmanden und Schüler und zeigt unter dem Titel »Wurzeln und Flügel« eine multimediale Erlebnisausstellung, in der sich Jugendliche mit der Reformation und dem Sinn der heutigen Welt auseinandersetzen und eigene Wertvorstellungen entwickeln können. Die Ausstellung will keine Antworten geben, sondern provoziert ein neues Herangehen an die Fragen des Lebens. Außerdem sind alle Besucher eingeladen,

Augsburger Bekenntnis
Die »Confessio Augustana« ist ein grundlegendes Bekenntnis der lutherischen Reichsstände zu ihrem Glauben. Sie wurde am 25. Juni 1530 auf dem Reichstag zu Augsburg Kaiser Karl V. von den Reichsständen der lutherischen Reformation dargelegt. Sie war Basistext der Religionsgespräche, Grundlage des Schmalkaldischen Bundes, Toleranzgrundlage des Augsburger Religionsfriedens von 1555 und gehört noch heute zu den verbindlichen Bekenntnisschriften der lutherischen Kirche, in der Fassung von 1540 (Variata) auch der reformierten Kirchen.

Christian Friedrich Samuel Hahnemann
1755–1843, Arzt, Begründer der Homöopathie. Nach dem Medizinstudium in Leipzig, seiner Promotion in Erlangen und Wanderjahren erwarb Hahnemann 1804 das Freihaus in Torgau und widmete sich hier seinen homöopathischen Studien. Als 1811 Napoleons Entscheidung, Torgau zur sächsischen Landesfestung auszubauen, bekannt wurde, ahnte er kommende Gefahren und verließ Torgau in Richtung Leipzig, wo er 1812 eine Habilitationsschrift vorlegte und die Lehrbefugnis an der Universität erhielt. 1821 führte ihn sein Weg nach Köthen, wo er 1835 hochbetagt, mittlerweile Witwer, nochmals heiratete – eine 35-jährige französische Patientin, mit der er nach Paris ging, wo er hochangesehen und vermögend starb.

sich am Bibelabschreibprojekt zu beteiligen – man kann hier einen Vers der Bibel abschreiben und so bis 2017 an der handgeschriebenen Torgauer Bibel mitwirken.

[29] Hahnemann-Haus

In einem der ältesten Häuser Torgaus (Pfarrstraße 3), einem 1486/87 erbauten Kurfürstlichen Freihaus lebte und wirkte in den Jahren von 1804 bis 1811 Samuel Hahnemann, der Begründer der Homöopathie. 1810 schrieb er hier seine Hauptwerke, »Organon der rationellen Heilkunde« und »Reine Arzneimittellehre«, Standardwerke, in denen erstmals das Wort Homöopathie auftauchte und die bis heute ihre Gültigkeit haben.

Das Gebäude wurde Anfang des 21. Jahrhunderts restauriert und aus dem Dornröschenschlaf erweckt. Dabei kamen wundervolle Wandmalereien und Holzdecken aus verschiedenen Epochen zum Vorschein. Nach Restaurierung von Haus und Garten wird das Haus von Vereinen genutzt; wechselnde Ausstellungen und Veranstaltungen beleben die ehemaligen Arbeits-, Studier- und Wohnräume Hahnemanns.

[30] Denkmal der Begegnung

Ein wichtiger Durchgang zur Elbe führte seit dem 13. Jahrhundert von der Wintergrüne durch die Stadtmauer über die Schlosstor- bzw. Eselsbrücke, über die man zu den ursprünglichen Anlegeplätzen und Schiffsmühlen am Elbufer gelangte – unter der Brücke befinden sich heute schöne Gärten.

Die ersten Begegnungen von sowjetischen und US-amerikanischen Truppen im Elbegebiet um Torgau rückten im April 1945 das Ende des Zweiten Weltkriegs in Europa in greifbare Nähe. Am 25. April 1945 kam es zwischen Soldaten der 58. Gardeschützendivision der Sowjetarmee und der 69. US-Infanteriedivision zu der geschichtsträchtigen Begegnung. Ein erstes zufälliges Treffen beider Patrouillen hatte bei Strehla stattgefunden, dabei war auch der junge Joe Polowsky; am Nachmittag kam es zu einem weiteren Zusammentreffen an der gesprengten Elbbrücke in Torgau. Hier reichten sich Leutnant William Robertson und Leutnant Alexander Silwaschko die Hand. Um den Symbolwert zu erhöhen und weltweit zu verbreiten, wurde diese Begegnung am nächsten Tag für die Fotografen nachgestellt – dieses offizielle Foto von Torgau ging über alle Nachrichtenagenturen um die Welt. Heute befindet sich das Foto vom »Handschlag von Torgau« in nahezu jedem Geschichtsbuch. Der jährliche »Elbe Day« erinnert an dieses Ereignis. Zum 50. Jahrestag ihrer Begegnung auf der zerstörten Brücke erhielten Alexander Silwaschko und William Robertson 1995 die Ehrenbürgerschaft der Stadt Torgau.

Von der alten Elbbrücke existiert heute nur noch eine Aussichtsplattform. Die neue Straßenbrücke wurde 1993 in Betrieb genommen. Im Jahr darauf wurde die historische Brücke abgerissen. Am Elbufer in der Nähe der Aussichtsplattform erinnert das Denkmal der Begegnung an das historische Zusammentreffen. Es wurde nach einem Entwurf des sowjetischen Architekten Avraham Miletzki erbaut und im September 1945 eingeweiht. Das erste Zusammentreffen in Torgau gehört zu den medienwirksamen Legenden, die ein langes Leben haben, doch nun steht auch an der Abfahrt der Fähre von Strehla, wo nachweislich der erste Handschlag stattfand, ein Denkmal der Begegnung.

Am Elbufer erkennt man den Schiffsanleger, an dem Hotel- oder Flusskreuzfahrtschiffe anlegen, mit denen man auch auf dem Wasserweg nach Torgau gelangen kann.

Joe Polowsky
1916–1983, Soldat. Sein Foto, als junger US-Soldat auf einem Jeep stehend, ging um die Welt. Schon vor dem offiziellen Waffenstillstand war es am 25. April 1945 zu Begegnungen amerikanischer und sowjetischer Soldaten an der Elbe bei Torgau und Strehla gekommen. Polowsky hat diesen »Schwur an der Elbe«, alles für den Frieden zu tun, nie vergessen und sich Zeit seines Lebens um die Erklärung des 25. April zum Weltfriedenstag bemüht. Sein Wunsch war es, in Torgau begraben zu werden. Die Beisetzung auf dem Torgauer Friedhof erfolgte am 26. November 1983, noch während der Zeit des Kalten Krieges.

[31] Gedenkstätte Geschlossener Jugendwerkhof Torgau

Apr.–Okt.: Di–So 10–18 Uhr,
Nov.–März: Di–So 10–17 Uhr, Eintritt frei

Die Gedenkstätte Geschlossener Jugendwerkhof Torgau (Fischerdörfchen 15) war offiziell die einzige geschlossene Heimeinrichtung in der DDR. 1964 wurde diese in einem ehemaligen Gefängnisgebäude mit hohen Mauern, vergitterten Fenstern, Sturmbahn im Hof und Scheinwerfern eröffnet. Sie nahm bis zu 60 Jugendliche im Alter von 14 bis 18 Jahren auf, die sich in anderen Jugendwerkhöfen oder Spezialkinderheimen nicht konform verhielten, versucht hatten zu fliehen, den Schulbesuch verweigerten oder Kritik am gesellschaftlichen System der DDR äußerten. Die Einweisung erfolgte direkt über das Ministerium für Volksbildung und ohne Gerichtsbeschluss. Hauptbestandteil der Erziehung waren Strafen; unter haftähnlichen Bedingungen sollten die Jugendlichen zu »sozialistischen Persönlichkeiten« umerzogen werden. Die Gedenkstätte dokumentiert mit der Ausstellung »Ich bin als Mensch geboren und will als Mensch hier raus!« diese Geschichte am historischen Ort und steht heute als Symbol für das gesamte unmenschliche Strafsystem der Jugendwerkhöfe und Spezialkinderheime, das im Laufe der DDR etwa 135 000 Kinder und Jugendliche durchlaufen mussten.

[32] Torgauer Braumuseum

Di–So 10–18 Uhr

In der zum Markt führenden Fischerstraße, der alten Magistrale des Fischerviertels, hatten einst kurfürstliche Beamte, Ratsherren, Stadtschreiber, Goldschmiede und Kürschner ihre repräsentativen Grundstücke, die oft mit dem Recht zum Bierbrauen ausgestattet waren.

Ein stattliches Renaissance-Bürgerhaus (Fischerstraße 11) mit einzigartigem Brau- und Malzhaus dokumentiert auf eindrucksvolle Weise die Bedeutung der Torgauer Braukunst im 15. und 16. Jahrhundert. Das Wohnhaus entstand 1562–1570 anstelle eines älteren Fachwerkbaues über mittelalterlichen Bierkellern. Bauherr war der Ratsherr Wolff Giersing, Steuereinehmer und kursächsischer Amtsschösser des säkularisierten Stifts Lautern Petersberg. An das Vorderhaus schließt sich über einen engen Innenhof das Brauhaus an, erbaut 1565; es ist das letzte dieser Art und Größe in Torgau. Die große Braukelleranlage mit mittelalterlichen, in den

Kulturbastion
Die ehemalige rechte Flankenkasematte der Bastion II, ein markanter Teil der sächsisch-preußischen Festung Torgau, ist heute die Kulturbastion, ein architektonisches Kleinod und das soziokulturelle Zentrum Torgaus (Straße der Jugend 14b). Nach der Sanierung konnte sie 2005 als Veranstaltungszentrum eröffnet werden. Zum Programm gehören Kabarett und Comedy, Konzerte, Lesungen, Ausstellungen, Kino mit 3D-Technik, Gastronomie und ein Jugendzentrum.

Porphyrfels gehauenen Kellern sowie Sandsteinkellern ist beeindruckendes Zeugnis vergangener Jahrhunderte. Seit der Vergabe mittelalterlicher Braurechte im 13. Jahrhundert gehörte das Grundstück mit zehn erblichen Bieren zu den großen Brauerben der Stadt, was zugleich Ausdruck wirtschaftlichen Wohlstands der Hausbesitzer war, zählte doch das Braugewerbe zu den einträglichsten Erwerbsquellen der Stadt. Im 16. Jahrhundert war Torgau der größte Bierproduzent in Sachsen und damit eine der bedeutendsten Bierstädte Deutschlands. Bierbrauen war ein Privileg, das vom Landesherrn kräftig besteuert wurde. 285 Bürger hatten zu dieser Zeit in Torgau die Braurechte und brauten in 250 Braustätten bis zu vier Millionen Liter Bier pro Jahr. Etwa 10 000 Fässer verließen jährlich die Stadt auf Wagen und Karren oder auf Schiffen über die Elbe. Bier war bis zur Einführung des Kaffees in Europa am Ende des 17. Jahrhunderts das wichtigste Volksgetränk. Während das Trinkwasser oft unsauber war, machte der Brauprozess das Bier keimfrei, und durch den Alkohol blieb es lange haltbar.

Die ehemalige Schankstube des Bürgerhauses mit ihren Wand- und Deckenmalereien, die durch umfangreiche Rekonstruktionsmaßnahmen wieder hervorgeholt werden konnten, beherbergt heute die hochinteressante Ausstellung zur 600-jährigen Geschichte des Torgauer Brauwesens. Die Durchreiche im Schankraum diente dem Verkauf des Bieres über die Straße. Auch die Mägdekammer, die im Flur mit Zugang vom Treppenhaus eingebaut war, ist erhalten. Mittelpunkt des Brauhauses ist die Sudhalle, eine zweischiffige Halle mit unregelmäßigem Kreuzgratgewölbe, das auf zwei markanten Sandsteinpfeilern und auf hohen Entlastungsbögen der Seitenwände ruht.

[33] Bäckerstraße

Bäckerstraße 8

Zurück über den Markt gelangt man geradewegs in die Bäckerstraße, die mittelalterliche Hauptstraße des Bäckerviertels, die sich im späten 19. Jahrhundert zu einer beliebten Einkaufsstraße entwickelte. Seit 1979 ist sie Fußgängerzone. 2014 wurde ihre Erneuerung fertiggestellt – sie ist nun wieder eine lebendige Flaniermeile mit vielen Geschäften, restaurierten stattlichen Renaissancehäusern und einem attraktiven »Wasserspiel«.

Das Spielwarengeschäft Carl Loebner (Bäckerstraße 2) ist das älteste Deutschlands und befindet sich seit 330 Jahren in Familienbesitz. 1685 hatte der Torgauer Drechslermeister Christoph Loebner seine Werkstatt eröffnet, in der er u.a. Dosen, Tabakspfeifen und Spazierstöcke anfertigte, aber auch Schachfiguren, Kreisel, Klappern und Püppchen aus Holz und Horn, sogar aus Elfenbein. Seit 1780 befindet sich das Familienunternehmen, das jeweils vom Vater auf den Sohn überging und mittlerweile in der 11. Generation geführt wird, in dem prächtigen viergeschossigen Renaissance-Handelshaus von 1595/96. Die Verkaufsgewölbe im Erdgeschoss sind noch original erhalten, ebenso die Balkendecken im ersten Obergeschoss, Stuckdecken, originale Tür- und Fenstergewände. Auf zwei Etagen kann man unter 13 000 Artikeln wählen. Die historische Spielzeugsammlung der Familie befindet sich seit 2006 als Dauerleihgabe im Stadt- und Kulturgeschichtlichen Museum. Unter den Raritäten befindet sich auch die kleinste hölzerne Gliederpuppe der Welt.

Bemerkenswert ist das Haus Bäckerstraße 3, das vom 16. bis zum 18. Jahrhundert immer im Besitz von Viertelsmeistern oder Ratsherren war. Bei der neogotischen Umgestaltung 1869/71 wurde ein wertvolles Sitznischenportal mit figürlichem Schmuck vom Beginn des 16. Jahrhunderts eingebaut. Es ist das mit Abstand wertvollste der alten Torgauer Bürgerhausportale. Das Renaissanceportal des Hauses Nr. 7/8 aus dem Jahr 1520 ist mit Gaffköpfen verziert.

Bäckerstraße mit dem Spielwarengeschäft Carl Loebner

[34] Historisches Handwerkerhaus

Di–So 10–18 Uhr, im Winter geschlossen

Am Ende der Bäckerstraße gelangt man zum Rosa-Luxemburg-Platz, dem früheren Paradeplatz der Garnisonsstadt. Das winzige, schiefe Renaissancegebäude am Wall (Nr. 4) – ein Kleinod im sprichwörtlichen Sinn – ist das älteste noch weitgehend in seinem historischen Zustand erhaltene Haus der ärmsten Bevölkerung Torgaus. Das nur etwa vier Meter breite, zweigeschossige Haus wurde 1605 vor dem Bäckertor »Am Beckerwall« am Rande der Altstadt erbaut. Hier wohnten im 17. und 18. Jahrhundert Böttchermeister, die Fässer für das Torgische Bier fertigten, und Schornsteinfegermeister mit ihren Familien, Gesellen und Lehrlingen. Später lebten hier Bierbrauer, Nachtwächter und Dienstleute, die Armen eben, oft mit vielen Kindern. Das Haus, ab 1904 mit Wasseranschluss, wurde bis 1989 bewohnt, zuletzt sogar von einer Familie mit zehn Kindern.

In den letzten Jahren konnte es mit viel bürgerschaftlichem Engagement durch den Förderverein Historisches Handwerkerhaus, heute Förderverein für Denkmalpflege in Torgau e.V., gerettet, restauriert und als Museum eröffnet werden. Die winzigen Zimmer, abgenutzten Treppen und schiefen Wände, aber auch die überraschend originellen Wandmalereien, wie in der Stube im Obergeschoss ein Segelschiff unter einem Sternenhimmel, sind eindrucksvoll und geben Einblicke in die Wohnkultur vergangener Jahrhunderte. Im Hof liegen Wirtschaftsgebäude wie Waschhaus und Stall; dort hatten Hühner, Gänse, Schweine und Ziegen Platz.

[35] Militärproviantamt

Zurück in der Bäckerstraße, gelangt man rechts in die enge Kurstraße, die frühere Ziegengasse. Hier befindet sich das größte sächsische Militärdepot des 18. Jahrhunderts mit einer Fläche von 8000 Quadratmetern. Die viergeschossige Anlage aus Sandsteinquadern mit einem mächtigen dreigeschossigen Walmdach wurde 1727 als Getreidemagazin mit Krantüren und Lastenaufzügen, mit Pferdeställen, Remisen und Wohnräumen erbaut. Jahrhundertelang diente das Gebäude als Lagerhaus für diverse Zwecke. Derzeit beherbergt die »Historische Markthalle« eine Bar, ein Fleischereigeschäft und ein Fitness-Studio. 2014 ersteigerte ein Stuttgarter die Halle, der ein neues Nutzungskonzept vorlegen wird. Über die Wittenberger oder die Spitalstraße gelangt man zum Ausgangspunkt des Stadtrundgangs zurück.

*Die **Torgauer Geharnischten** waren seit 1344 ein Städtebund zur Bekämpfung des Bandenunwesens. Am 21. März 1542 zogen 128 Mann auf Befehl des Kurfürsten Johann Friedrich I. zur Besetzung Wurzens aus, um die »Türkensteuer« einzutreiben. Die Wurzener Fehde verlief durch beherzte Worte Luthers und die Schlichtung durch Landgraf Philipp von Hessen unblutig. Vom Kurfürsten wurde den Mannen, die an der Fehde teilgenommen hatten, das Recht zuerkannt, von nun ab in jedem Jahr ein Erinnerungsfest feiern zu dürfen. Seit 1824 findet das »Auszugsfest der Torgauer Geharnischten« alle zwei Jahre am Himmelfahrtstag statt.*

Torgau an einem Tag. Ein Stadtrundgang
1. Auflage, 2016

Text: Doris Mundus
Karte: OpenStreetMap-Mitwirkende, geodressing.de
Fotos: Torsten Pape, außer: Clemens Franz (S. 38), GJWH Torgau/Daniel König (S. 42), Kunst- und Kulturverein Johann Kentmann e.V. (S. 14), Radler59 (S. 23), Andreas Schmidt (S. 17), Stadt- und Kulturgeschichtliches Museum Torgau (S. 5, 46), Verlagsarchiv
Gestaltung, Satz: Mareike Bardenhagen, Lehmstedt Verlag
Herstellung: Westermann Druck Zwickau GmbH

Umschlag:
1 Hauptportal am Schloss Hartenfels
2 Schlossstraße
3 Großer Wendelstein
4 Wappen am Hauptportal des Schlosses Hartenfels
5 Stadtansicht von Matthäus Merian d. Ä., 1650
6 Ansicht von Torgau, Ausschnitt aus: Hirschjagd des Kurfürsten Johann Friedrich, Lucas Cranach d. J., 1544

www.lehmstedt.de

ISBN 978-3-95797-039-8